Écris-moi Bientôt

by

G. Richardson M.A.

Senior Lecturer in Education,
University of Hull

and

M. M. Lord B.A., M.Ed.

Senior Lecturer in French,
St. Paul's College, Rugby

illustrated by

Jane Michaelis

Edward Arnold

First published 1972
by Edward Arnold (Publishers) Ltd.,
41 Maddox Street, London, W1R OAN

ISBN: 0 7131 1717 6

Printed in Great Britain by
Cox & Wyman Ltd,
London, Fakenham and Reading

PREFACE

THE primary aim of this book is to provide pupils in their fifth year with ample practice in the different types of composition work usually included in C.S.E., G.C.E. and other first examinations.

On each topic covered there are five possible subjects for composition, of varying degrees of difficulty, of which some always are to be worked as letters. Letter writing, whether for enjoyment and mutual education (as in the case of the English correspondent of a French student) or from necessity, as when seeking accommodation in France, is of course one of the most stimulating and practical forms of free composition. Pictures are provided as a stimulus for some of the subjects and each topic is based on a reading passage, itself in the form of a letter, in which will be found the basic vocabulary and structures required by the pupils in their own work.

Herein lies the second aim of the book, one on which the first depends; the reading passages enable the pupils to confirm and widen their knowledge of French on a certain topic before they attempt to write on it. The illustrations facing the reading passages are intended to aid comprehension and also to provide a stimulus for oral work. After this type of preparation pupils should be able to tackle a free composition with confidence.

The passages have been arranged in order of difficulty and some series of pictures revising vocabulary used earlier have been included at the end of the book.

Our grateful thanks are due to Lady Norton, Licenciée-ès-Lettres, and to Mademoiselle Josette Arvieu, Licenciée-ès-Lettres, for their help in the preparation of the text.

M.M.L.
G.R.

1

Campoussy,
le 23 juillet.

Chère Maman, cher Papa

Nous sommes arrivés à la ferme des Sannoix hier, vers six heures du soir, et on nous a fait un accueil enthousiaste. Monsieur Sannoix nous a montré tout de suite un petit pré où nous avons installé nos tentes. Madame Sannoix, comme toujours, voulait avoir de vos nouvelles...

Ce matin, pendant que Jules et Jean-Claude allaient à la ferme demander du lait et des oeufs, Pierre a annoncé qu'il fallait aller au village acheter de la viande. "Pas du tout, mon vieux!" lui ai-je répondu, "je vais à la pêche et je t'assure qu'il y aura des truites pour le dîner ce soir!" Il a éclaté de rire - ce petit garçon n'a pas grande confiance en moi!

Cependant nous allons bien dîner ce soir, car j'ai eu de la chance: en moins de deux heures j'ai pris quatre belles truites. Alors je me suis arrêté de pêcher, parce qu'une truite par personne, c'est bien suffisant. Pierre, naturellement, aura la moins grosse, ce qui n'est que justice!

Je crois que nous resterons encore quelques jours ici - il fait tellement beau. Nous allons nager à présent - je dois me dépêcher - et je vous écrirai encore dans deux ou trois jours, avant de quitter Campoussy.

Affectueusement,

Michel

1. Décrivez cette scène.
2. Écrivez une conversation entre deux des garçons.
3. Imaginez que vous êtes un des garçons ci-dessus et écrivez une lettre à votre sœur.
4. Décrivez ce que vous avez fait pendant des vacances sous la tente ou pendant des vacances de pêche.

5. « On a de quoi manger ! » Racontez cette histoire.

2

Saint-Étienne,
le 5 septembre.

Cher Patrick,

Me voici enfin chez les Favre. Le voyage de Worcester à Saint-Étienne s'est bien passé, mais quand je suis arrivée cours Victor Hugo à dix heures et demie du matin...! C'est ton correspondant, Jean-Pierre, qui m'a ouvert la porte. Et j'ai compris tout de suite qu'on ne m'attendait pas!

L'appartement était dans un désordre inimaginable: Monsieur Favre était en train de repeindre la cuisine. On avait donc mis la table et les chaises dans le vestibule et sur la table se trouvaient bols, verres, assiettes, casseroles etc.! Dans la cuisine...! un escabeau, des outils, des pots de peinture. Au beau milieu de tout cela Madame Favre essayait de préparer le déjeuner et Marie-Josette épluchait les légumes. Tu comprendras bien que c'était de ma faute: dans ma lettre je leur avais donné la date de mon arrivée. Malheureusement j'avais mis '11' au lieu de '1'!

Mais qu'ils sont gentils, ces gens! Marie-Josette a vite préparé ma chambre et une demi-heure plus tard j'étais bien installée. L'après-midi j'ai même pu aider Monsieur Favre dans la cuisine - sans aucun désastre!

J'ai commencé mon stage au lycée hier. On m'a présentée aux élèves comme "Mademoiselle Johnson, la nouvelle assistante anglaise". - Je tremblais de peur!

Écris-moi bientôt - en français. Ça te fera du bien!

Margaret.

1. Faites la description de cette scène.
2. Imaginez que vous êtes Marie-Josette Favre (voir page 9). Écrivez une lettre à un(e) ami(e) pour lui raconter cet incident.
3. Écrivez une conversation entre Margaret et la famille Favre (voir page 9).
4. Décrivez la cuisine de chez vous.

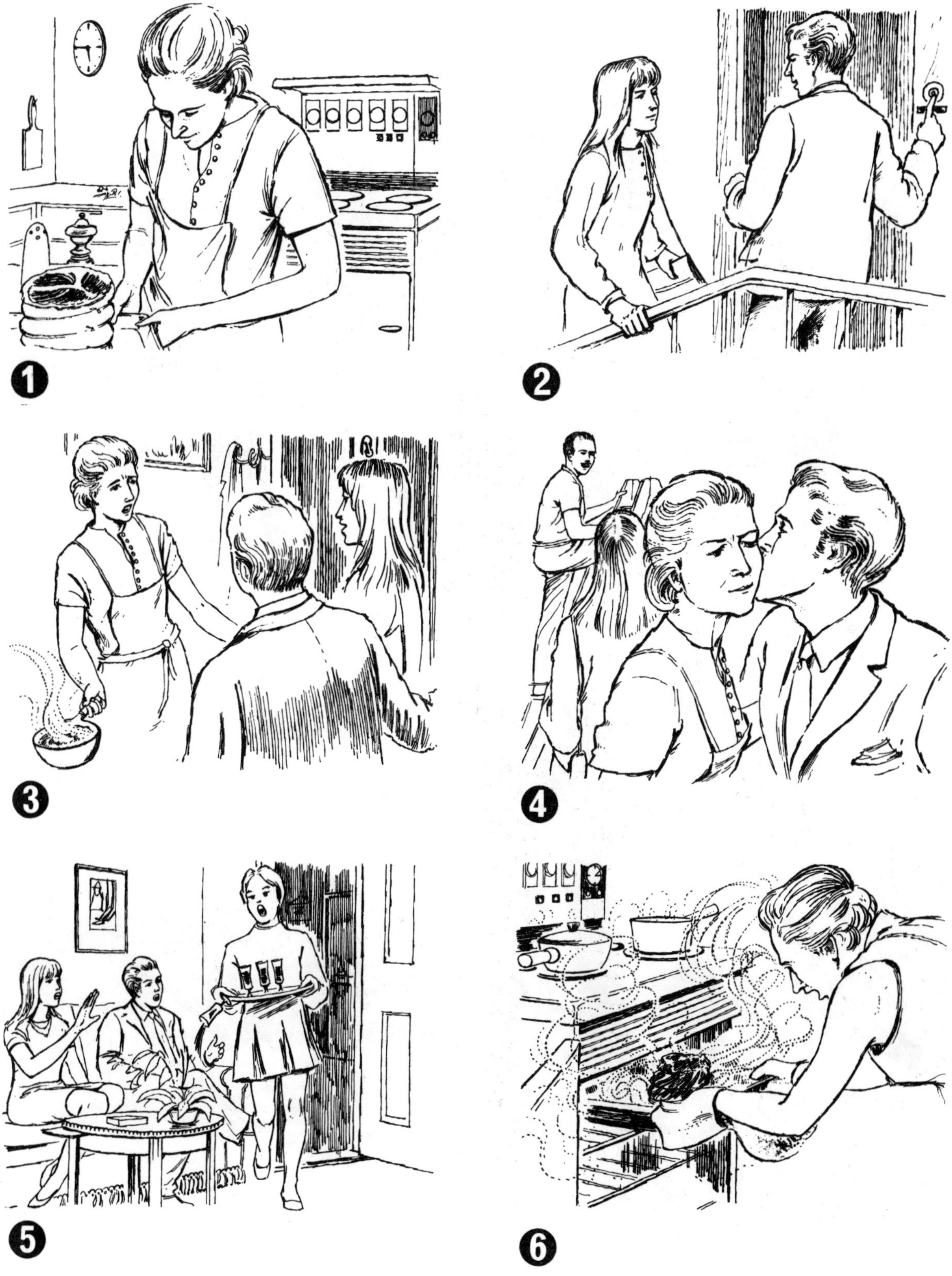

5. « Une visite inattendue. » Regardez les images et décrivez ce qui se passe.

3

Le Puy,
le 22 septembre.

Salut mon vieux!

Quel malheur d'être obligé de rester à la maison quand il fait si beau dehors! Demain j'ai une composition d'histoire donc, aucune possibilité de sortir, même pour une demi-heure.

Ce week-end nous sommes tous allés au Chambon "profiter du beau temps". Profiter du beau temps...! Moi, j'avais bien envie d'aller me promener avec des copains qui habitent le Chambon. Pas de chance: papa nous a fait travailler au jardin pendant tout le week-end, du matin jusqu'au soir!

Mais je me suis amusé quand même. Samedi matin Paulette et Monique cueillaient les dernières mûres et moi, je bêchais tout près d'elles dans notre jardin potager qui se trouve derrière la maison. Soudain j'ai remarqué un gros crapaud qui dormait tranquillement sous la haie. J'ai dit aux filles: "Tiens, il y a un beau crapaud là-bas!" Paulette, qui était sur une chaise, est tombée dans les bras de Monique qui a laissé tomber son panier. Voilà toutes les mûres par terre!

C'était bien rigolo de les voir! Malheureusement mes sœurs m'ont obligé à ramasser tous les fruits. Elles étaient si furieuses toutes les deux que j'avais envie d'attraper le pauvre crapaud et de le mettre dans leur chambre!

Eh bien, au travail! Je n'ai pas encore fini mes devoirs.

Bon courage!

Amitiés,

François

1. Faites la description de cette scène.
2. Imaginez que vous êtes une des jeunes filles à la page 12. Écrivez une lettre à un(e) ami(e) pour lui raconter ce que vous avez fait ce week-end-là.
3. Écrivez une conversation entre deux des personnages dans l'histoire à la page 13.
4. Décrivez un jardin que vous connaissez.

1

2

3

4

5

6

5. « Coco et la souris. » Regardez les images et racontez l'histoire.

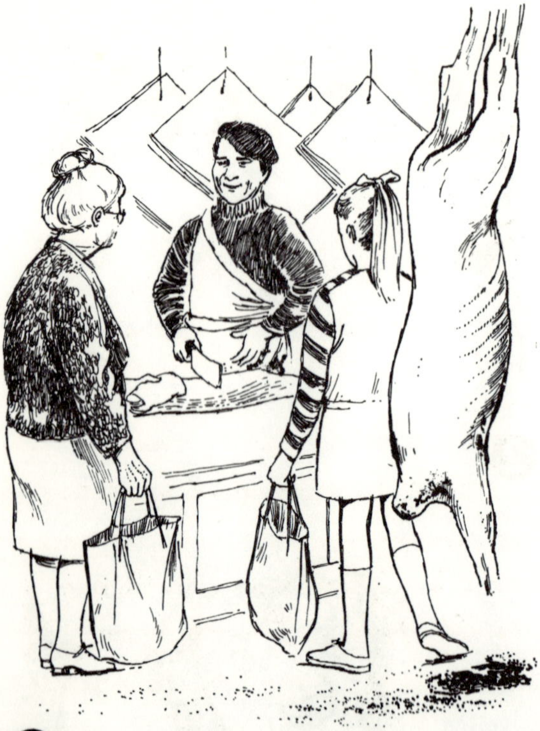

1

2

3

4

4

Rieupeyroux,
le 7 octobre.

Maman chérie

Je t'ai déjà écrit hier, mais il faut que je te raconte aujourd'hui ce qui vient de m'arriver!

Ce matin je suis allée en ville avec mamie faire les courses. Nous avons fait le marché ensemble, puis nous sommes passées chez le boucher. Nous étions chargées comme deux baudets! Il ne nous restait qu'à aller à la boulangerie. Mamie a décidé de rentrer avec les paniers et m'a envoyée chercher le pain qu'elle achète toujours chez Madame Montaucet. Tu sais qu'elles sont de très bonnes amies - elles étaient dans la même classe à l'école, il y a tant d'années... Mamie m'a même dit que je pourrais m'acheter un pain au chocolat ou un croissant. Elle m'a donné sa bourse et me voilà partie à toute vitesse...

J'ai acheté une baguette, une flûte, un gros pain et un pain au chocolat. Quand j'ai ouvert mon porte-monnaie pour payer, la boulangère a aussitôt éclaté de rire! Tu ne peux pas savoir comme j'avais honte. Devine ce qui s'était passé!... Grand'mère s'était trompée: elle m'avait donné la bourse où elle garde sa collection de vieilles pièces! Heureusement que Madame Montaucet me connaît bien, et grand'mère aussi!

J'ai dû vite courir à la maison chercher le bon porte-monnaie. Cette mamie ne changera jamais! Quelle étourdie!

Je t'embrasse bien fort,

Véronique

1. Décrivez l'image ci-dessus.
2. Imaginez que vous êtes la grand'mère à la page 17. Écrivez une lettre à la mère de la jeune fille.
3. Écrivez une conversation entre les clients et les commerçants à la page 17.
4. Décrivez ce que vous faites quand vous faites les courses ou quand vous aidez à faire le ménage.

❶

❷

❸

❹

❺

❻

5. Décrivez l'expédition en ville représentée ci-dessus.

5

Reims,

le 11 novembre.

Chère Bonne-maman

Merci beaucoup de ta longue lettre. Tu me dis que je travaille trop. Ce n'est pas vrai! Tu ne me reconnaîtras pas à Noël, je deviens tellement sportive!... Dimanche dernier Jacques m'a persuadé de l'accompagner à un match de football (son ami, Luc, qui aime le football autant que lui, était enrhumé). Finalement j'ai consenti à y aller. C'était une expérience inoubliable!

Nous sommes arrivés au stade vers trois heures moins le quart. Bientôt on s'est trouvé sur les gradins au milieu d'une foule d'hommes et de garçons. Tout le monde parlait de l'équipe, de la tactique. Quel brouhaha! Puis, tout à coup, des cris, des sifflements: c'étaient les joueurs qui entraient sur le terrain. Ils se sont mis à jouer tout de suite - avec une douzaine de ballons! Jacques m'a dit, d'un ton dédaigneux, que le jeu n'avait pas encore commencé!

Finalement ils ont commencé la partie. Mon Dieu, quel bruit! J'avais honte de Jacques: il criait, il agitait les bras, il maudissait l'arbitre...! Soudain notre équipe a marqué un but. Explosion sur les gradins! Un quart d'heure plus tard, un autre but. Il faut t'avouer qu'à la fin de la partie je n'avais plus de voix! Et Jacques va m'accompagner au match cet après-midi - ciel, on doit partir dans cinq minutes!

Je t'embrasse bien affectueusement,

Monique

1

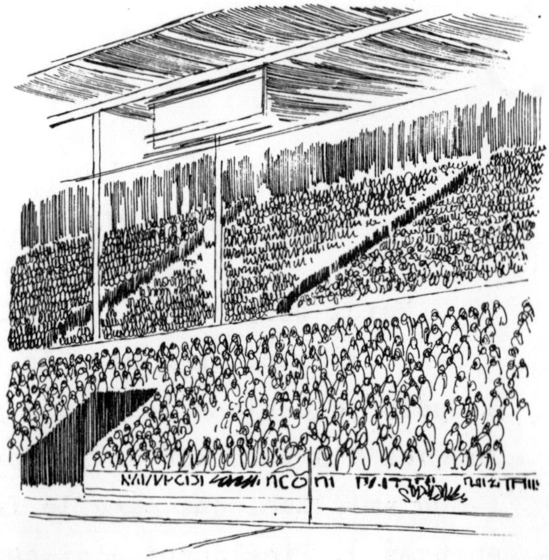

2

3

4

1. Décrivez ces quatre scènes.
2. Imaginez que vous êtes Jacques. Écrivez une lettre à Luc pour lui décrire le match que vous avez vu accompagné de votre sœur (à la page 21).
3. Écrivez une conversation entre Jacques et sa sœur pendant le match de football.
4. Décrivez ce que vous faites avant un match de football ou de hockey à votre école.

5. « Le match de football. » Racontez cette histoire.

$CuSO_4 + Na_2CO_3 =$

6

Grenoble,
le 9 décembre.

Chère Tante Julie

La cravate que tu m'as envoyée pour ma fête me va à merveille - je t'en remercie beaucoup. Maman vient de me dire qu'elle t'enverra de ses nouvelles la semaine prochaine.

Tu as parlé dans ta lettre de mes études. Toujours le bachotage! Je m'ennuie un peu cette année car on m'oblige à redoubler, comme je te l'ai déjà dit.

Pourtant on a avantage parfois à redoubler: la semaine dernière notre professeur de chimie a décidé de nous donner "quelques petits problèmes" - il s'imagine que nous ne travaillons pas assez. Tu sais combien, moi, je déteste la chimie! Et la semaine dernière il y avait tant de choses à faire: des sorties, de nouveaux disques à écouter etc., et me voilà enfin, assis devant mon cahier, sans avoir regardé mon livre de chimie.

Huit heures. Le premier cours de la matinée. Monsieur Leclerc commence à écrire au tableau. Je ne peux guère en croire mes yeux! Ce pauvre Leclerc (qui est toujours dans la lune) a oublié que je me suis présenté au bacc. cet été. Il nous a donné les problèmes que papa m'avait expliqués après les examens de juin!

J'étais bien content de ma note! - tu vois que je fais des progrès!

Merci encore de ton beau cadeau,

André

1. Faites la description de ce lycée.
2. Vous venez de vous installer à Grenoble. Écrivez une lettre à un(e) ami(e) pour lui décrire votre nouveau lycée.
3. Écrivez une conversation entre deux élèves dans la salle de classe ci-dessus.
4. Décrivez votre lycée. (Faites le plan du lycée si vous voulez.)

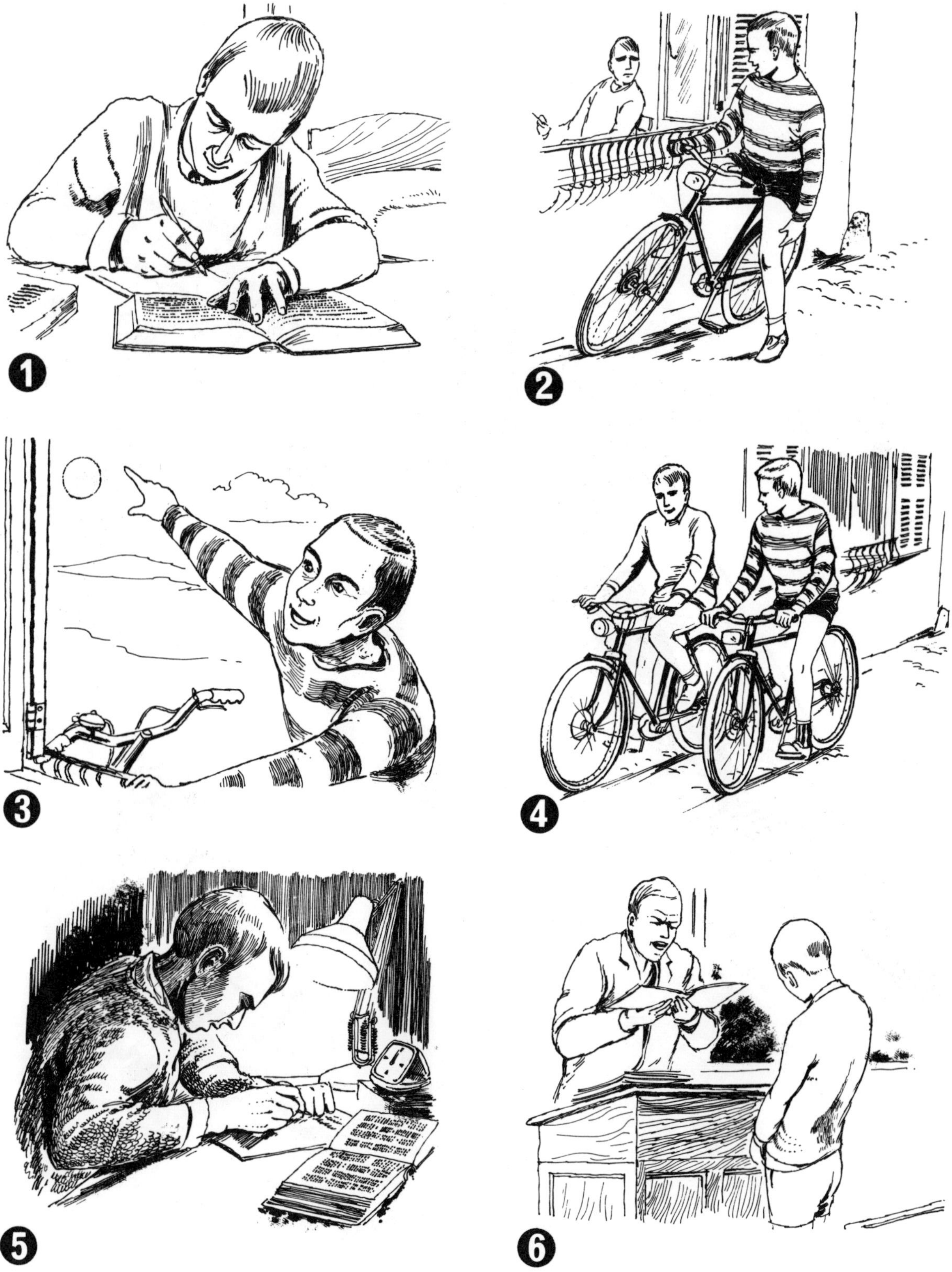

5. « Les devoirs. » Racontez cette histoire.

7

Font-Romeu,
le 2 janvier.

Cher Tonton Georges

Merci pour ton petit mot. J'espère que ton rhume est guéri.

Je passe à la montagne de merveilleuses vacances... Du moins, jusqu'à hier, car il m'est arrivé une affreuse tragédie: je dois t'avouer que j'ai perdu les skis que tu m'as donnés pour mon anniversaire l'an dernier... Tu ne peux pas te figurer comme j'ai honte, car vraiment c'est uniquement de ma faute, et les skis étaient tellement beaux... Voici comment la chose s'est passée:

Après avoir skié hier toute la journée sur les pentes ensoleillées, j'ai planté mes skis dans la neige, au bas des pistes, et je me suis rendu au chalet pour prendre un bon chocolat bien chaud. Sais-tu qui j'y ai rencontré? Jacqueline, la fille des Laserre. Nous avons bu notre chocolat, nous avons bavardé, et vers sept heures nous sommes rentrés à l'hôtel.

Ce matin les pistes étaient belles, immaculées. Il avait neigé pendant toute la nuit. J'admirais ce spectacle grandiose depuis un long moment quand tout à coup je me suis souvenu: mes skis! Ils n'étaient plus au bas des pistes, ou plutôt, ils étaient ensevelis sous la neige - je les ai cherchés en vain.

A bientôt, tonton: cet après-midi je vais faire de la luge! J'espère retrouver mes skis ce soir: je vais demander encore une fois à l'hôtel si quelqu'un les a vus.

Ton neveu désespéré,

Raymond

1. Décrivez la scène que vous voyez ci-dessus.
2. Imaginez que vous êtes une des personnes dans l'image et écrivez une lettre à vos parents pour leur décrire vos vacances.
3. Écrivez une conversation entre deux ou trois des personnes ci-dessus.
4. Décrivez des vacances de Noël ou d'hiver dont vous vous souvenez.

1

2

3

4

5

6

5. « De grande montée grande chute ! » Racontez cette histoire.

Gants
Nouvelles Galeries
Nouvelles Galeries
Nou

1

Habits
Robes
Chemises

2

Nouvelles Galeries

3

4

8

Narbonne,
le 16 février.

Ma chère Maman

Je te remercie beaucoup de ta lettre - j'étais bien contente d'avoir des nouvelles de la famille. Et papa, est-ce qu'il va mieux? Il est resté au lit pour combien de temps?

Tout va très bien ici. Hier Madame Comby et moi sommes sorties ensemble faire des courses en ville: c'était le premier jour des soldes aux Nouvelles Galeries et j'avais envie d'acheter un pull-over et un pantalon - je n'ai rien à porter, tu sais!

Il y avait beaucoup de gens dans le magasin mais nous sommes arrivées enfin devant le rayon que je cherchais. Et quelle chance! J'ai aperçu tout de suite des jeans bleu marine et un pull-over blanc qui, d'après l'étiquette, semblaient être ma taille - et ils étaient vraiment bon marché!

Je suis revenue à la maison toute fière de mes achats et suis allée à ma chambre essayer mes nouveaux vêtements. Hélène a éclaté de rire en me voyant sortir de ma chambre - la vendeuse a dû se tromper d'étiquette et jeans et pull-over étaient beaucoup trop petits!

Marc vient de sortir. Il a l'air très élégant aujourd'hui - mes jeans et mon pull-over lui vont à merveille!

Je vous verrai tous d'ici quinze jours, si tout va bien.

Bien affectueusement,

Anne-Marie

1. Décrivez une des images.
2. Imaginez que vous êtes la jeune fille (ou le garçon) et écrivez à votre oncle (ou à votre tante) pour lui raconter cette expédition en ville.
3. Écrivez une conversation entre le garçon (ou la jeune fille) et la vendeuse.
4. Décrivez une expédition en ville pendant les ventes de soldes.

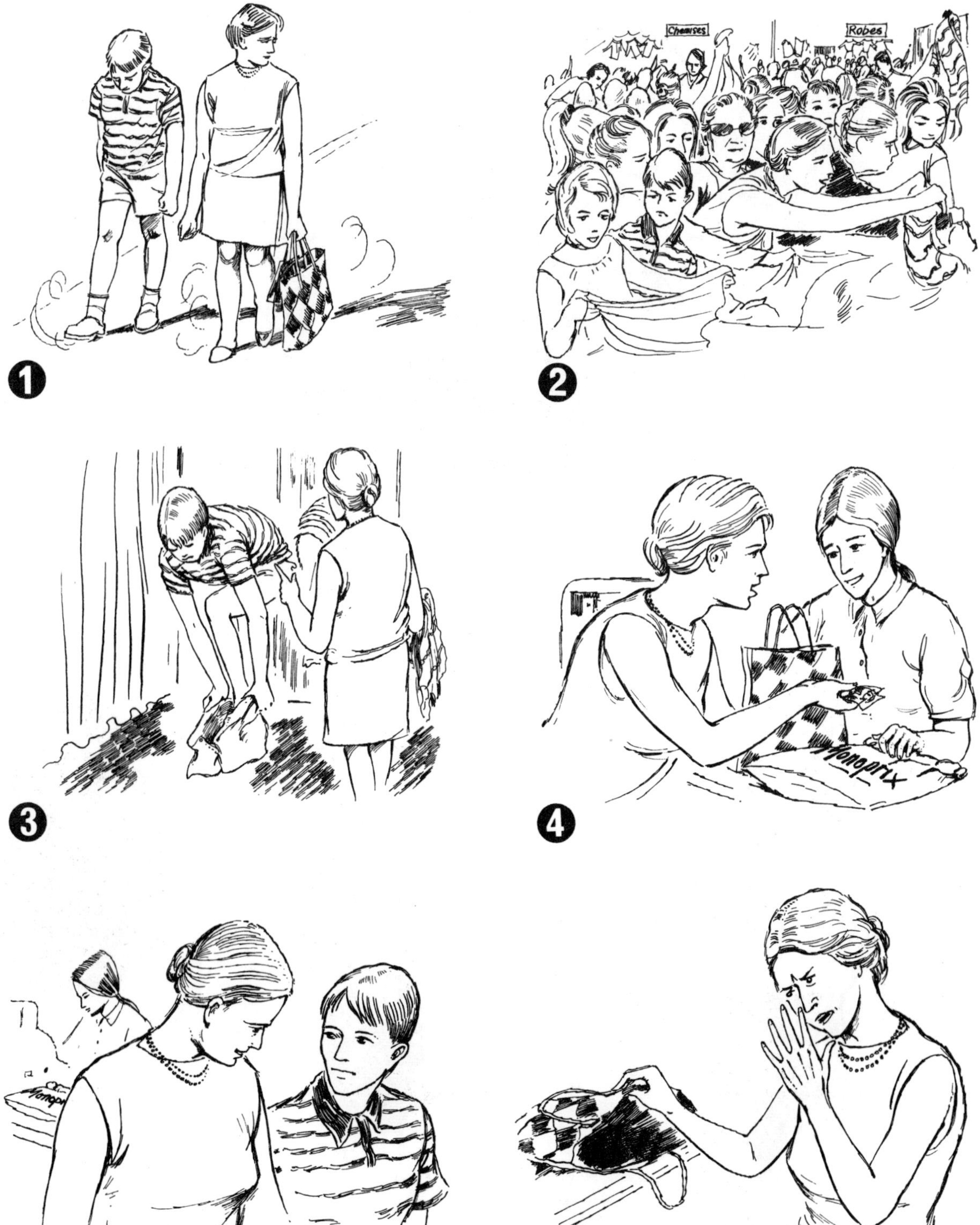

5. Décrivez cette expédition en ville.

1

2

9

Hôtel des Voyageurs,
Vielle,
Landes.
le 29 mars.

Cher Jules

Voici une chose amusante qui m'est arrivée hier - tu sais que nous passons quelques jours ici, comme toutes les années? Eh bien, je me promenais sur la plage vers les cinq heures quand soudain j'ai remarqué un gros bout de métal, peint en jaune. Cela faisait partie d'un avion, sans aucun doute. "Et alors?" dis-tu? La plage ici est couverte de matériel de guerre que les Allemands ont laissé derrière eux quand ils se sont retirés? Je le sais bien! Mais il y avait une toute petite plaque collée à ce bout de métal, avec des chiffres inscrits là-dessus: ....12.6.197.... C'était une date! Un avion moderne, alors! Si c'était le résultat d'un accident tout à fait récent? Il faudrait l'indiquer à la police. J'ai donc détaché la plaque et je suis allé tout de suite à la gendarmerie.

Il était six heures et demie; le bureau était fermé mais le gendarme n'était pas encore parti. Quand je lui ai tout expliqué, il a éclaté de rire! Il connaissait bien l'endroit où j'avais trouvé 'mon' avion. Les débris étaient là depuis la guerre.

Et les chiffres 12.6.197...? C'étaient tout simplement les six derniers chiffres de toute une série!... Et moi qui avais cru que c'était une date!

Je te verrai d'ici peu.

Ton copain,

Alain

1. Décrivez la scène ci-dessus.
2. Imaginez que vous êtes ou le garçon ou la jeune fille et racontez ce que vous avez fait ensuite.
3. Écrivez la conversation entre le garçon et sa sœur et le gendarme à qui ils racontent ce qui s'est passé.
4. Imaginez que vous êtes la mère (ou le père) de cet enfant perdu et écrivez une lettre au garçon (ou à la jeune fille) pour lui dire merci.

1

2

3

4

5

6

5. Racontez cette histoire. Si vous voulez, imaginez que vous êtes une des personnes que vous voyez ci-dessus.

1

2

3

4

10

Mâcon,
le 21 avril.

Cher Guy

Avril déjà! Qu'il fait froid ce printemps - surtout le matin! Aujourd'hui je me suis levée très tard - à huit heures moins vingt - et mon premier cours le mardi est à huit heures!

Que les mâconnais sont gentils! Monsieur Roux m'a dit de prendre la 'deux chevaux' pour aller au lycée. Je m'en suis déjà servie plusieurs fois mais jamais toute seule. J'ai donc démarré plutôt timidement et, arrivée au carrefour, j'ai traversé la grand'rue avec beaucoup de précaution. Plus loin, personne sur le passage clouté, mais j'ai dû m'arrêter au feu rouge. Je me sentais plus à l'aise en descendant une petite rue où il y avait peu de circulation - d'ailleurs, les voitures venaient toutes dans l'autre sens.

Je conduisais enfin avec confiance lorsque j'ai remarqué que les autres conducteurs me regardaient d'un drôle d'air... Mais j'ai dû freiner brusquement quand j'ai vu un agent de police au milieu de la rue. Il s'est approché de moi en me regardant d'un oeil sévère.

Tu as deviné? Eh oui, c'était une rue à sens unique et moi, je roulais dans le mauvais sens! Alors je lui ai expliqué que je n'étais pas de la région etc...! Finalement il a souri et m'a permis de partir - dans le bon sens, cette fois. Évidemment je n'en ai rien dit à Monsieur Roux!

Amitiés à tout le monde,

Bernadette

1. Décrivez cet incident.
2. Imaginez que vous êtes cet élève chauffeur et écrivez une lettre à un(e) ami(e) pour lui raconter quelques-unes de vos expériences.
3. Écrivez une conversation entre l'élève chauffeur et l'instructeur.
4. Décrivez votre première promenade à bicyclette en ville.

5. « Une leçon de conduite. » Racontez cette histoire.

11

Port-Luçon,
le 5 mai.

Cher Henri

Nous voici de retour à Port-Luçon après les vacances de Pâques. A vrai dire, je n'avais pas grande envie d'aller m'enterrer à la campagne chez bonne-maman. J'aime bien lui rendre visite mais, quand on n'a que des compagnons d'une cinquantaine ou d'une soixantaine d'années...! On ne rencontre jamais de jeunes au village au printemps.

Le jour de Pâques il faisait assez beau mais me promener tout seul, cela ne me disait rien. Je me suis donc enfermé dans ma chambre et je lisais tranquillement depuis une heure lorsqu'un coup de sonnette s'est fait entendre en bas. Des voix... Je ne pouvais rien distinguer... On m'a appelé... C'était mon cousin, Jean-Paul, qui revenait d'un championnat de tennis près de Marseille! On a bien bavardé jusqu'à minuit.

Le lendemain matin Jean-Paul m'a proposé une partie et on est allé au tennis qui se trouve derrière l'église. Jean-Paul m'a même prêté une de ses raquettes. Quelle matinée! Mon cousin m'a battu, ça va sans dire, mais on s'est beaucoup amusé. Lui, il s'est moqué de mes efforts mais aussi il m'a aidé à perfectionner mon revers.

Seras-tu libre dimanche prochain? Je te donnerai volontiers un cours de tennis!

A bientôt,

Robert

1. Faites la description de cette scène.
2. Imaginez que vous êtes le garçon (ou la jeune fille) et écrivez une lettre à votre cousin(e) pour lui raconter cet incident.
3. Écrivez une conversation entre les enfants et leur père.
4. Décrivez une partie de tennis que vous avez organisée.

5. « Une partie de tennis. » Racontez cette histoire.

A bord
Mer c
Je vai
à la m
arrive
curieux
versqu
si vou

12

Saint-Girons,
le 11 mai.

Monsieur

Vous serez très étonné, je crois, de recevoir une lettre d'une personne que vous ne connaissez point! C'est que je viens de ramasser sur la plage pas loin d'ici une vieille bouteille à whisky, dans laquelle il y avait un bout de papier. Reconnaissez-vous ce message?

"A bord du vaisseau Queen Elizabeth II. Mer calme, temps superbe. Je vais jeter cette bouteille à la mer pour voir si elle arrivera à terre: je suis curieux de savoir vers quel pays elle sera portée. Si vous la retrouvez, écrivez-moi, s.v.p., à l'adresse suivante:..."

J'ai eu de la difficulté à déchiffrer et le message et votre adresse en Suède. Mais quelle bonne idée de répéter le message en anglais et en allemand. Évidemment vous parlez plusieurs langues, comme tous les Suèdois!

Je vous écris à présent pour vous dire que votre lettre a été retrouvée en France, à St-Girons-Plage, dans les Landes. J'aimerais bien recevoir quelques détails sur votre voyage et sur votre pays, car la géographie et les langues m'intéressent particulièrement. Je suis un lycéen de quatorze ans: si vous avez un fils ou un neveu à peu près de mon âge, on pourrait peut-être correspondre? J'habite 9, Avenue des Lauriers, St-Girons, et je serais très heureux de recevoir une lettre de vous.

Dans cette attente, je vous prie d'agréer mes sentiments les meilleurs,

Pierre Villard

1. Faites la description de cette scène.
2. Imaginez que vous êtes le garçon (ou la jeune fille) et écrivez une lettre à la dame qui a perdu le sac pour lui dire comment vous l'avez trouvé et ce que vous en avez fait.
3. Écrivez une conversation entre le garçon et la jeune fille.
4. Expliquez ce que vous avez fait de quelque chose que vous avez trouvé.

1

2

3

4

5

6

5. Racontez cette histoire.

1

2

13

19, Smithdown Avenue,
Lewes,
Sussex.
le 17 juillet.

Cher Marcel

Me voici bien installé chez John, ici à Lewes. Je viens de défaire ma valise et de tout ranger dans ma chambre.

Tu me demandes pourquoi je ne défais mes affaires que plusieurs jours après mon arrivée? Tu vas voir!... J'ai pris le train de la gare du Nord et, en route, j'ai bavardé avec d'autres jeunes gens qui venaient en Angleterre aussi. Une fois sur le bateau nous avons mis nos valises près d'une banquette. Nous nous sommes promenés sur le pont en mangeant des sandwichs que nous avions achetés au bar et en jetant du pain aux mouettes. On s'est bien amusé!

Monsieur Crompton et John étaient venus à ma rencontre donc j'ai vite saisi ma valise et j'ai descendu la passerelle sans même dire au revoir aux autres. A la douane, pas d'histoire. Ça m'a fait un très grand plaisir de revoir John et son père, et on ne s'est pas arrêté de parler en route vers la maison.

Ce n'est que plusieurs heures plus tard que j'ai pensé à défaire ma valise - je voulais donner des cadeaux à Monsieur et à Madame Crompton. On avait mis la valise sur mon lit. Tout en parlant à John je l'ai ouverte. Je ne pouvais guère en croire mes yeux! Des robes, des chemises de nuit, de la lingerie...! Eh oui, je m'étais trompé de valise en descendant du bateau!

On m'appelle... A bientôt,

René

1. Décrivez cette scène.
2. Imaginez que vous êtes le jeune homme et écrivez une lettre à vos parents pour leur raconter cet incident.
3. Écrivez une conversation entre les deux hommes ci-dessus.
4. Décrivez un voyage que vous avez fait.

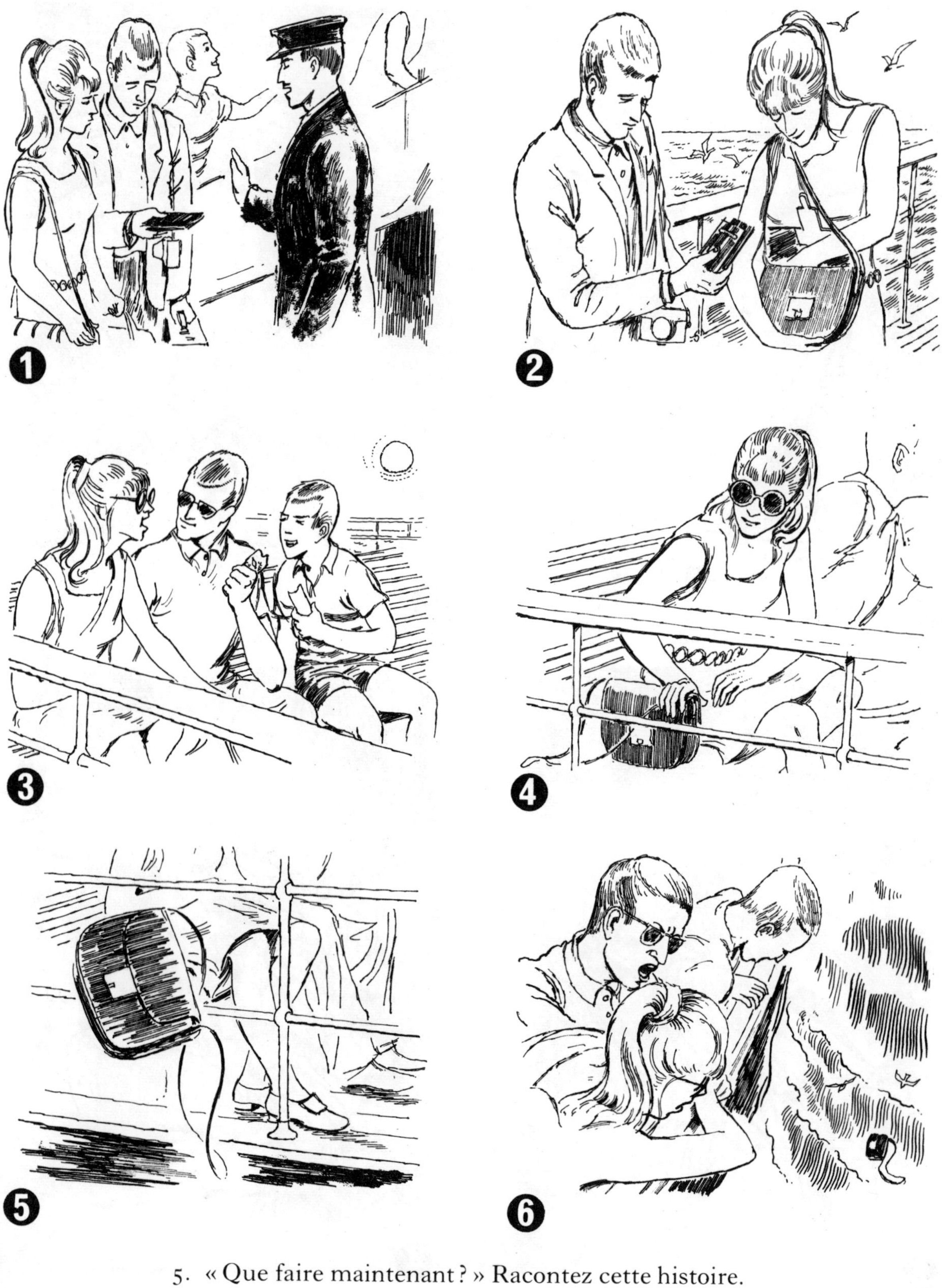

5. « Que faire maintenant ? » Racontez cette histoire.

1

2

3

4

14

Port-la-Nouvelle,
le 15 août.

Mon vieux Bernard

Te souviens-tu de mon enthousiasme pour le camping? Eh bien, je peux te dire aujourd'hui que le camping, c'est vraiment du sport!

Après un voyage harassant nous sommes arrivés hier tous les quatre, Pierre, Serge, Jean-Claude et moi, en fin d'après-midi, aux environs de Port-la-Nouvelle. Le temps était si beau que nous avons décidé de planter les tentes sur la plage déserte à quelque distance du phare de la Franqui. Cette première nuit à la belle étoile était merveilleuse. Nous nous sommes endormis cependant de très bonne heure, car nous étions claqués par le long voyage en train. Mais, à deux heures du matin - catastrophe!

Boum! Nous sommes tous réveillés en sursaut par un coup de tonnerre assourdissant. Une averse terrible se déclenche, accompagnée d'éclairs gigantesques et de grondements de tonnerre épouvantables. Pour comble de malheur, la tempête se lève. A moitié endormis, nous n'avons que le temps de nous cramponner aux tentes qui menacent de s'envoler. La mer en furie commence à monter et nous sommes obligés de déménager en toute hâte; je te laisse imaginer la scène...!

Nous avons fini la nuit dans une grange non loin de là où nous avons grelotté jusqu'au petit jour.

Aujourd'hui il fait un temps splendide - vive le camping!

Ton copain,

Yves

1. Décrivez cette scène.
2. Imaginez que vous êtes le garçon (ou la jeune fille) et écrivez une lettre à un(e) ami(e) pour lui décrire votre arrivée au terrain de camping.
3. Écrivez une conversation entre deux des personnes ci-dessus.
4. Décrivez les premiers jours de vos vacances de l'année dernière.

5. Racontez cette histoire de camping.

15

Jean Poncard, le 10 juin.

Ingénieur,

18, Boulevard de la République,

31 Toulouse.

Madame

Comme je vous l'ai déjà écrit dans ma première lettre, ma famille et moi-même avons l'intention de venir passer une quinzaine de jours dans la région de Royan. C'est votre hôtel que nous avons choisi comme point d'attache. Vos tarifs me semblent raisonnables.

Je voudrais donc retenir deux chambres à deux lits pour la deuxième quinzaine de juillet. Nous arriverons à l'hôtel dans la journée du 15 et nous en repartirons le 1er août au matin, après le petit déjeuner. Nous ne prendrons que la demi-pension, à 25F par jour par personne. Nous ne serons pas là pour le repas de midi.

J'attends confirmation de votre part.

Veuillez croire, Madame, à l'assurance de mes salutations distinguées.

Jean Poncard

1. Écrivez une lettre à un propriétaire d'hôtel. Vous êtes ingénieur et désirez louer une chambre à un lit pour votre voyage d'affaires qui durera 4 jours.
2. Imaginez que vous êtes le père (ou la mère) d'une famille et écrivez à un propriétaire d'hôtel. Vous désirez louer deux chambres à deux lits pour vos vacances au bord de la mer.

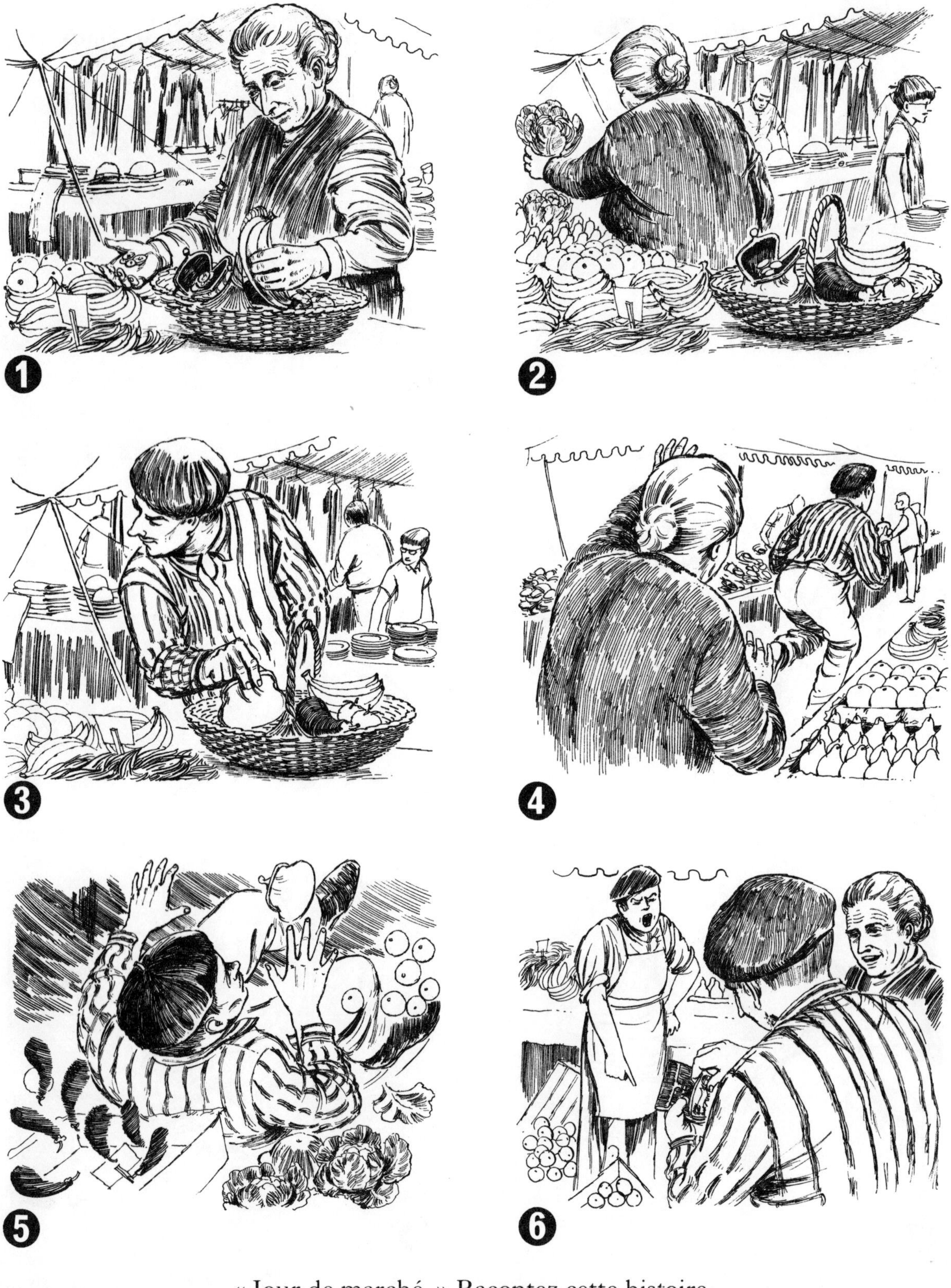

« Jour de marché. » Racontez cette histoire.

« Un élève inattendu. » Racontez cette histoire.

1

2

3

4

5

6

« Quelle récolte ! » Racontez cette histoire.

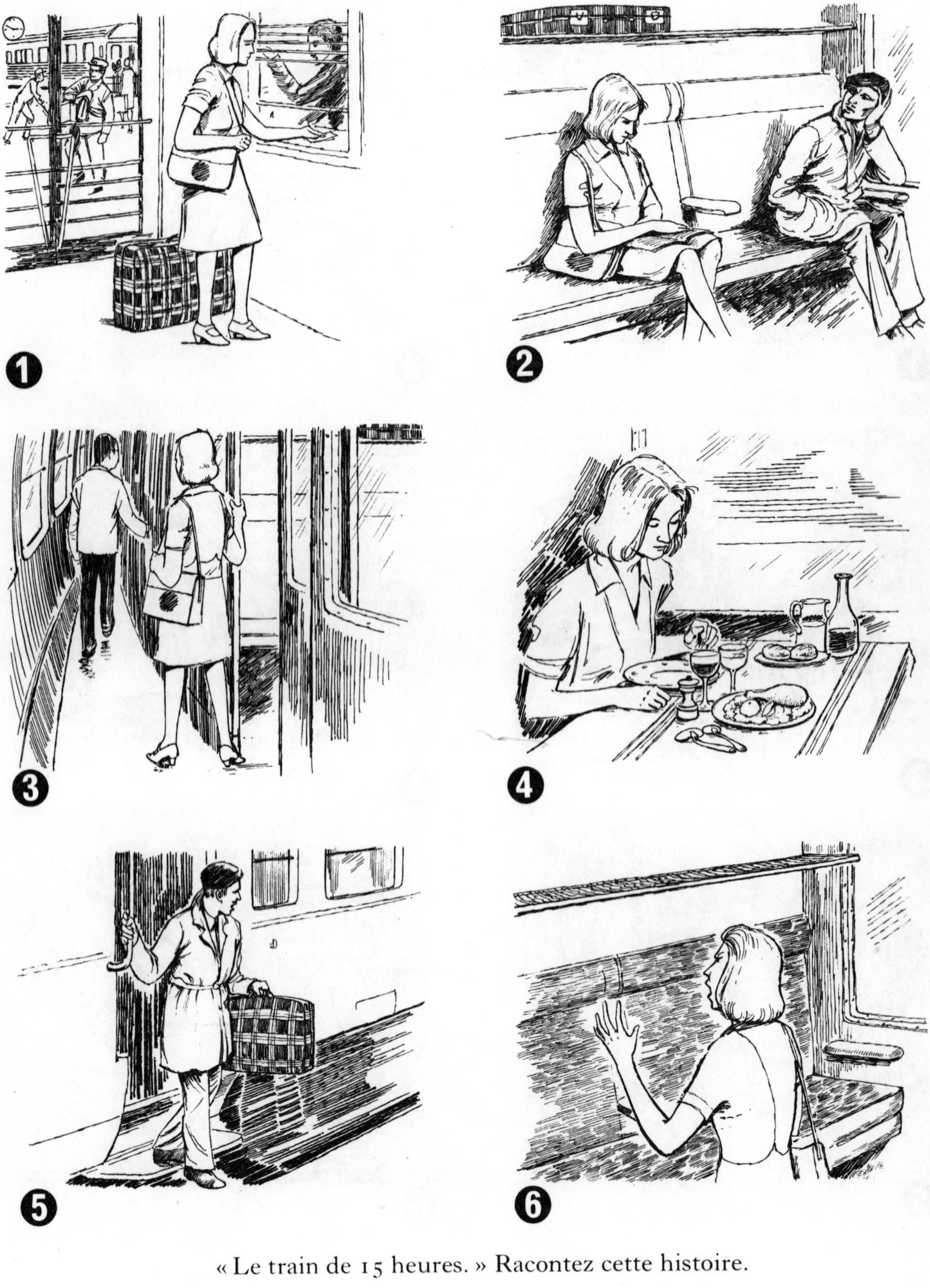

« Le train de 15 heures. » Racontez cette histoire.